Impressum
Verlag: BABADADA GmbH, Nedderfeld 112 , 22529 Hamburg
Geschäftsführer / Verlagsleitung: Harald Hof
Druck: Books on Demand GmbH, In de Tarpen 42, 22848 Norderstedt

Imprint
Publisher: BABADADA GmbH, Nedderfeld 112 , 22529 Hamburg, Germany
Managing Director / Publishing direction: Harald Hof
Print: Books on Demand GmbH, In de Tarpen 42, 22848 Norderstedt, Germany

قوتابخانە
школа

پۆل
классная комната
دابەشکردن
делить
186/2
تەختە
доска
школьный двор
مامۆستا
учитель
کاغەز
бумага
نووسین
писать
پێنووس
ручка
مێزی نووسین
письменный стол
خەتکێش
линейка
کتێب
книга
خوێندکار
ученик

چەواڵ

ранец

جانتای پێنووس

пенал

پێنووس

карандаш

تیژکەرەوەی پێنووس

точилка

ڕەشکەرەوە

ластик

پەڕەی نیگارکێشان

альбом для рисования

نیگارکێشان
....
рисунок

فڵچەی ڕەنگ
....
кисточка

قوتووی ڕەنگ
....
коробка красок

مەقەست
....
ножницы

چەسپ، کەتیرە
....
клей

کتێبی ڕاهێنان
....
тетрадь

کاری ماڵەوە
....
домашняя работа

12

ژمارە
....
цифра

2+2

زیدەکردن
....
прибавлять

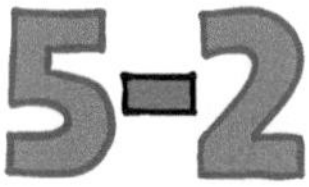

5-2

کەمکردن
....
вычитать

2×2

لێکدان
....
умножать

حسابکردن، ژماردن
....
считать

A

پیت
....
буква

ABCDEFG
HIJKLMN
OPQRSTU
VWXYZ

ئەلفوبێ
....
алфавит

hello

وشە
....
слово

نووسراوه، دەق

текст

خوێندنەوه

читать

گەچ

мел

خول، دەرس

урок

تۆمارکردن

классный журнал

ئەزموون، تاقیکردنەوه

экзамен

بڕوانامه

диплом

جلی قوتابخانه

школьная форма

پەروەردە

образование

زانیاری نامه

энциклопедия

زانکۆ

университет

میکرۆسکۆپ

микроскоп

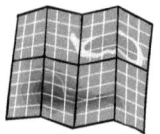

خەریتە، نەخشه

карта

سەبەتەی کاغەز

корзина для бумаг

путешествие

гостиница
میوانخانە
турбаза
пункт обмена валюты
جانتا، ساک
чемодан
автомобиль

زمان

язык

بەڵێ / نەخێر

да / нет

باشە

хорошо

سڵاو

Привет

وەرگێڕی دەق

переводчик

سپاس

Спасибо

بەچەندە ...؟

Сколько стоит...?

من تێناگەم

Я не понимаю

کێشە

проблема

ئێوارە باش!

Добрый вечер!

بەیانی باش!

Доброе утро!

شەو باش!

Доброй ночи!

ماڵئاوا، بەخێرچی

До свидания

ئاراستە، ڕێڕەو

направление

جانتا

багаж

جانتا

сумка

کۆڵەپشتی

рюкзак

میوان

гость

ژوور، دیو

комната

کیسەخەو

спальный мешок

چادر، دەوار

палатка

زانیاری بۆ گەشتیار

....

туристическая информация

کەناراو

....

пляж

کارتی قەرز

....

кредитная карточка

نانی بەیانی

....

завтрак

نانی نیوەڕۆ

....

обед

نانی شەو

....

ужин

بلیت

....

билет

ئاسانسۆر

....

лифт

پوول، تەمر

....

почтовая марка

سنوور

....

граница

گومرک

....

таможня

باڵوێزخانە

....

посольство

ڤیزا

....

виза

پاسەپۆرت

....

паспорт

گواستنەوە

транспорт

فڕۆکە
самолёт
کەشتی
корабль
مەکینەی ئاگرکوژێنەوە
пожарный автомобиль
پاس
автобус
لۆری
грузовик
بەلەمی ماتۆڕی
моторная лодка
دووچەرخە، پایسکل
велосипед
ئۆتۆمۆبیل
автомобиль

کەشتی گواستنەوە

паром

بەلەمی ماتۆڕی

лодка

ماتۆڕ

мотоцикл

ئوتومبێلی پۆلیس

полицейский автомобиль

ئوتومبێلی پێشبڕکێ

гоночный автомобиль

ئۆتۆمۆبیلی کرێ

арендованный автомобиль

ئۆتۆمۆبیل هاوبەشکردن

совместное пользование автомобилями

لۆری ڕاکێشکردن

буксировочный автомобиль

لۆری زبڵ

мусоровоз

ماتۆڕ

двигатель

سووتەمەنی

топливо

وێستگەی بەنزین

заправка

تابلۆی هاتووچۆ

дорожный знак

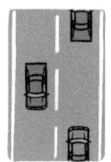

هاتووچۆ

движение

ترافیک

пробка

شوێنی ڕاگرتنی ئۆتۆمۆبیل

автостоянка

وێستگەی شەمەندەفەر

вокзал

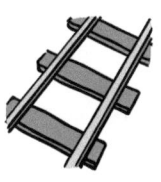

هێڵی ئاسن

рельсы

شەمەندەفەر

поезд

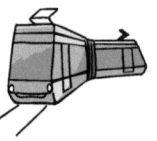

قەتاری سەرشەقام

трамвай

داشقە

вагон

هەلیکۆپتەر

вертолёт

فڕۆکەخانە

аэропорт

بورج

вышка

نەفەر

пассажир

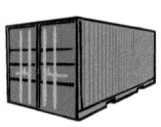

دەفر، کانتێنەر

контейнер

کارتۆن

коробка

داشقە

тележка

سەوەتە

корзина

هەڵفڕین / نیشتن

взлетать / приземляться

شار

город

گوند، دێهات

деревня

ناوەندی شار

центр города

ماڵ، خانوو

дом

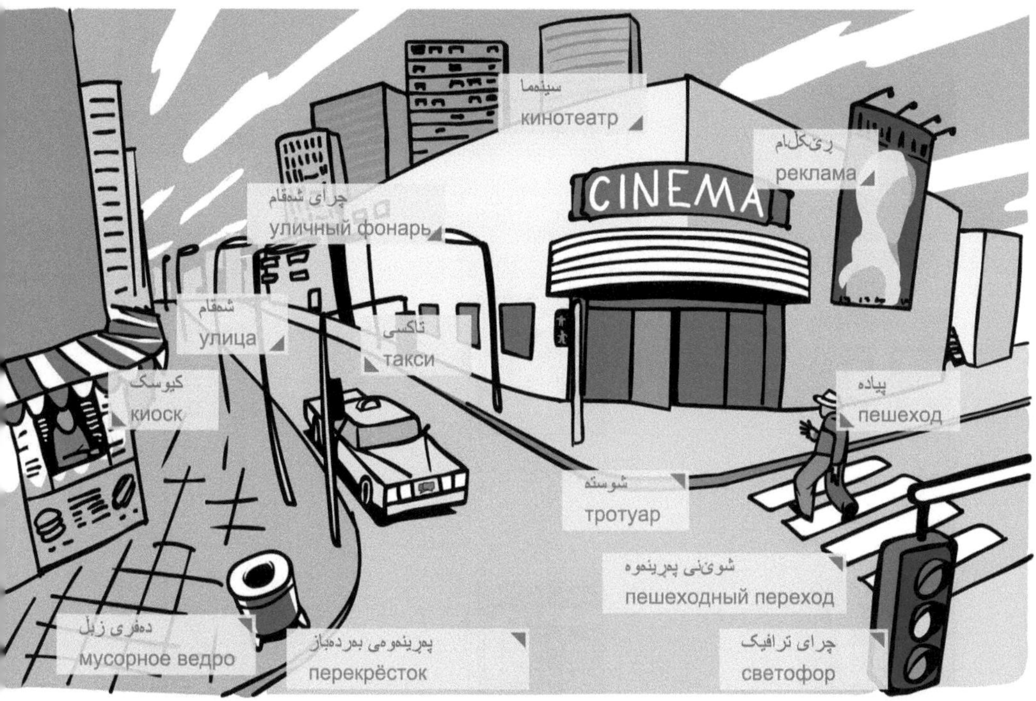

سینەما
кинотеатр
ڕیکلام
реклама
چرای شەقام
уличный фонарь
شەقام
улица
تاکسی
такси
کیوسک
киоск
پیادە
пешеход
شوستە
тротуар
شوێنی پەڕینەوە
пешеходный переход
دەفری زبڵ
мусорное ведро
پەڕینەوەی بەردەباز
перекрёсток
چرای ترافیک
светофор

خانووچکە

хижина

نهۆم، باڵەخانە

квартира

وێستگەی شەمەندەفەر

вокзал

کۆشکی شارەوانی

ратуша

مۆزەخانە

музей

قوتابخانە

школа

زانکۆ

университет

بانک

банк

نەخۆشخانە، خەستەخانە

больница

میوانخانە، هۆتێل

гостиница

دەرمانخانە

аптека

نووسینگە، فەرمانگە

офис

کتێبفرۆشی

книжный магазин

دووکان

магазин

گوڵفرۆشی

цветочный магазин

سوپەرمارکێت

супермаркет

بازار

рынок

فرۆشگا

универмаг

ماسیفرۆش

торговец рыбой

ناوەندی کڕین

торговый центр

بەندەر

порт

پارک

....

парк

کورسی درێژ

....

скамейка

پرد

....

мост

پێ پیلکان

....

лестница

ژێرزەوی

....

метро

تونێل

....

тоннель

وێستگەی پاس

....

автобусная остановка

مەیخانە

....

бар

ڕێستورانت

....

ресторан

سندووقی پۆست

....

почтовый ящик

تابلۆی شەقام

....

табличка с названием улицы

پێوەری پارکینگ

....

паркометр

باخچەی ئاژەڵان

....

зоопарк

حەوزی مەلە

....

бассейн

مزگەوت

....

мечеть

مەزرا

ферма

پیسبوونی ژینگه

загрязнение окружающей среды

قەبرستان، گۆرستان

кладбище

کەنیسە

церковь

شوێنی یاری

детская площадка

پەرستگا

храм

دیمەن

ландшафт

گەڵا
лист

تابلۆی ڕێنیشاندەر
дорожный указатель

ڕێگا
дорога

مەرگ
луг

بەرد
камень

دار
дерево

شاخەوان
путешественник

ڕووبار، چەم
река

گژوگیا
трава

گوڵ
цветок

دۆڵ، شیو

долина

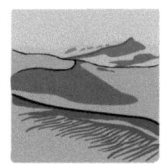

بەرزایی

гора

دەریاچە

озеро

دارستان

лес

چۆڵەوار

пустыня

بورکان

вулкан

قەڵا

замок

کۆلکەزێڕینە

радуга

کارگ

гриб

دارخورما

пальма

مێشوولە

комар

مێشوولە

муха

مێروولە

муравей

مێش هەنگوین

пчела

جاڵجاڵووکە

паук

قالۆنچە

жук

بۆق

лягушка

سمۆرە

белка

ژیشک

еж

کەروێشکە کێوی

заяц

کوند

сова

باڵەندە

птица

قازی سپی

лебедь

بەرازی کێوی

кабан

ئاسک

олень

بزنە کێوی

лось

بەنداو

плотина

تۆربینی با

ветряной генератор

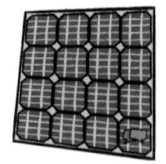

پەڕەی خۆری

солнечная батарея

ئاووهەوا

климат

ڕێستۆرانت

ресторан

خزمەتکار
официант
لیستە، پێرست
меню
کورسی
стул
سووپ، شۆرباو
суп
پیتزا
пицца
столовые приборы
سفرە
скатерть

خواردنی دەستپێک

закуска

خواردنی سەرەکی

главное блюдо

دێسێر

десерт

خواردنەوە

напитки

خواردن

еда

بوتڵ

бутылка

خواردنی خێرا

....

фастфуд

خواردنی سەرشەقام

....

уличная еда

قۆری

....

чайник

قوتووی شەکر

....

сахарница

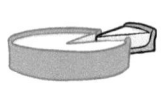

بەش

....

порция

ئامێری سازکردنی قاوەی ئێسپرەسۆ

....

кофеварка

کورسی بەرز

....

детский стульчик

تێچوو

....

счет

کەشەف

....

поднос

چەقۆ

....

нож

چنگاڵ

....

вилка

کەوچک

....

ложка

کەوچکی چا

....

чайная ложка

دەسماڵ

....

салфетка

لیوان، پەرداخ

....

стакан

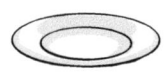

قاپ، دەوری، دەفر
....
тарелка

قاپی شۆرباو
....
суповая тарелка

ژێرپیاڵە
....
блюдце

سۆس
....
соус

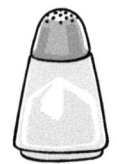

خوێدان
....
солонка

هاڕەری بیبار
....
мельница для перца

سرکە
....
уксус

ڕۆن
....
масло

بەهارات
....
специи

دۆشاوی تەمات، سۆسی تەماتە
....
кетчуп

سۆسی موستارد
....
горчица

سۆسی مایۆنێز
....
майонез

سوپەرمارکێت

супермаркет

داشکاندنی تایبەتی
специальное предложение
FOR
مشتەری
покупатель
شیرەمەنی
молочные продукты
میوە
фрукты
داشقە
тележка для покупок

دووکانی قەسابی

мясной магазин

نانەواخانە

пекарня

کێشان

взвешивать

سەوزی

овощи

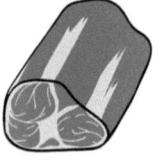

گۆشت

мясо

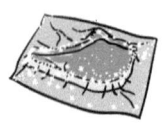

خواردنی بەستوو

быстрозамороженные продукты

گۆشتی سارد

нарезка

خواردنی کۆنسێرو

консервы

دەرمانی بشۆر

стиральный порошок

شیرینی

сладости

بەرهەمی خۆماڵی

предмет домашнего обихода

بەرهەمی خاوێنکردنەوە

моющее средство

فرۆشیار

продавщица

ژمێرەر

касса

ژمێریار، خەزنەدار

кассир

لیستی کڕین

список покупок

کاتی دەوام

время работы

کیسەباخەڵ، جزدان

бумажник

کارتی قەرز

кредитная карточка

توورەکە، کیسە

сумка

توورەکە

полиэтиленовый пакет

خواردنەوە

напитки

ئاو

....

вода

شەربەت

....

сок

شیر

....

молоко

خەڵووز

....

кока-кола

شەراب

....

вино

بیرە

....

пиво

ئەڵكۆل

....

алкоголь

کاکاو

....

какао

چایی، چا

....

чай

قاوە

....

кофе

قاوەی ئێسپرەسۆ

....

эспрессо

کاپۆچینۆ

....

капучино

خواردن

еда

مۆز

банан

سێو

яблоко

پرتەقاڵ

апельсин

کاڵەک

арбуз

لیمۆ

лимон

گێزەر

морковь

سیر

чеснок

حەیزەران

бамбук

پیاز

лук

کارگ

гриб

سەموونە، گوێز، ناوکە

орехи

نوودڵ

лапша

ماکارۆنی

спагетти

برینج

рис

زەلاتە

салат

چپس

картофель фри

پەتاتەی برژاو، پەتاتەی سوورۆکراو

жареный картофель

پیتزا

пицца

هەمبرگێر

гамбургер

ساندویچ، دۆندرمە

сэндвич

پارچە گۆشت

шницель

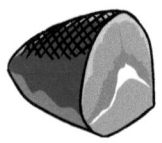

گۆشتی بەراز

ветчина

گۆشتی بەراز

салями

سۆسیس

колбаса

مریشک

курица

برژاندن، نرژان

жаркое

ماسی

рыба

شۆرباوی ساوار

....

овсяные хлопья

دانەوێڵەی تێکەڵ

....

мюсли

دانەی دانەوێڵە

....

кукурузные хлопья

ئارد

....

мука

کرۆسانت، نانێکی فەرەنسی

....

круассан

نانی خڕ

....

булочка

نان

....

хлеб

نانی برژاو

....

тост

بسکیت

....

печенье

کەرە، ڕۆنی کەرە

....

масло

سەرتوێژ، توێژ

....

творог

کەیک

....

пирог

هێلکە

....

яйцо

هێڵکەی برژاو

....

яичница

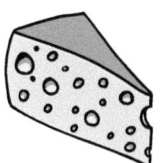

پەنیر

....

сыр

بەستەنی، دۆندرمە

мороженое

شەکر

сахар

هەنگوین

мёд

مرەبا

мармелад

خامەی نۆگات

крем с нугой

بەهارات

карри

مەزرا

ферма

کۆخ (ماڵ لە مەزرا)
крестьянский дом
تەویلە
сарай
کڵۆشی کا
тюк из соломы
مەزرا
поле
лошадь
ماڵی سەفەری
прицеп
جوانوو
жеребёнок
تراکتۆر
трактор
کەر، گوێدرێژ
осёл
مەڕ
овца
بەرخ
ягнёнок

بزن
коза

مانگا
корова

گوێلک
телёнок

بەراز
свинья

فەرخە بەراز
поросёнок

جوانەگا
бык

قاز

....

гусь

مراوی

....

утка

جووچک

....

цыплёнок

مریشک

....

курица

کەڵەشێر

....

петух

جرج

....

крыса

پشیلە

....

кошка

مشک

....

мышь

گا

....

вол

سە، سەگ

....

собака

کونە سە

....

конура

سۆندە

....

садовый шланг

تونگەی ئاودان

....

лейка

ماڵەغان

....

коса

گاسن

....

плуг

داس

....

серп

مەڕە

....

мотыга

شەنە

....

навозные вилы

تەور

....

топор

عارەبانەی دەستیی

....

тачка

دەفری خواردنی ئاژەڵان

....

корыто

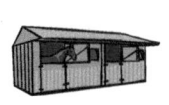

دەفری شیر

....

бидон для молока

تەلیس

....

мешок

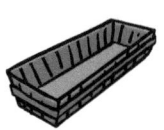

پەرژین

....

забор

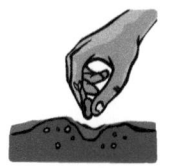

تەویلە

....

хлев

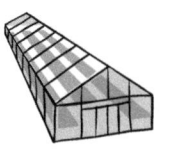

گوڵخانە

....

теплица

خۆڵ

....

почва

دەنک، تۆک

....

посев

پەین

....

удобрение

کۆمباین

....

комбайн

درویێنەکردن

собирать урожай

خەرمان

урожай

پەتاتە

ямс

گەنم

пшеница

لووبیا، فاسۆلیا

соя

پەتاتە

картофель

گەنمەشامی

кукуруза

جۆرێک دەغڵودان

рапс

داری بەری

фруктовое дерево

سێوبنەعەرزیلە

маниок

دانەوێڵەی تێکەڵ

злаки

ماڵ، خانوو

ДОМ

دووکەڵکێش
дымоход
سەربان
крыша
водосточный желоб
پەنجەرە
окно
زەنگی دەرگا
звонок
گەراژ
гараж
دەرگا
дверь
دەفری زبڵ
мусорное ведро
سندووقی نامە
почтовый ящик
باخ
сад

ژووری دانیشتن

гостиная

حەمام، ئاودەستخانە

ванная комната

چێشتخانە

кухня

ژووری خەو

спальня

ژووری منداڵ

детская комната

ژووری نانخوارن

столовая

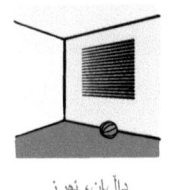

داڵان، ئەرز

пол

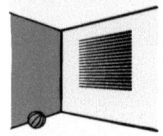

دیوار

стена

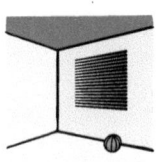

بن میچ

потолок

ژێرزەمین

подвал

ساونا

сауна

باڵکۆن، هەیوان

балкон

هەیوان

терраса

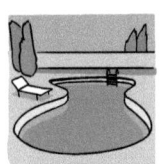

حەوز، مەلەوانگە

бассейн

گژوگیابڕ

газонокосилка

مەلافە

пододеяльник

مەلافەی نوێن

покрывало

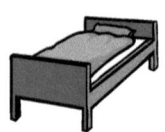

پێخەف، نوێن

кровать

گسک

метла

سەتڵ

ведро

سویچ، کلیل

выключатель

ژووری دانیشتن

гостиная

کاغەزی دیواری
обои
وێنە
рисунок
لامپ، چرا، گڵۆب
лампа
полка
کۆمێد
шкаф
تەلەفیزیۆن
телевизор
ئاگردان
камин
گوڵ
цветок
باڵەنج، سەرین
подушка
سۆفا
диван
گوڵدان
ваза
کۆنترۆڵ لە ڕێگەی دوور
пульт дистанционного управления

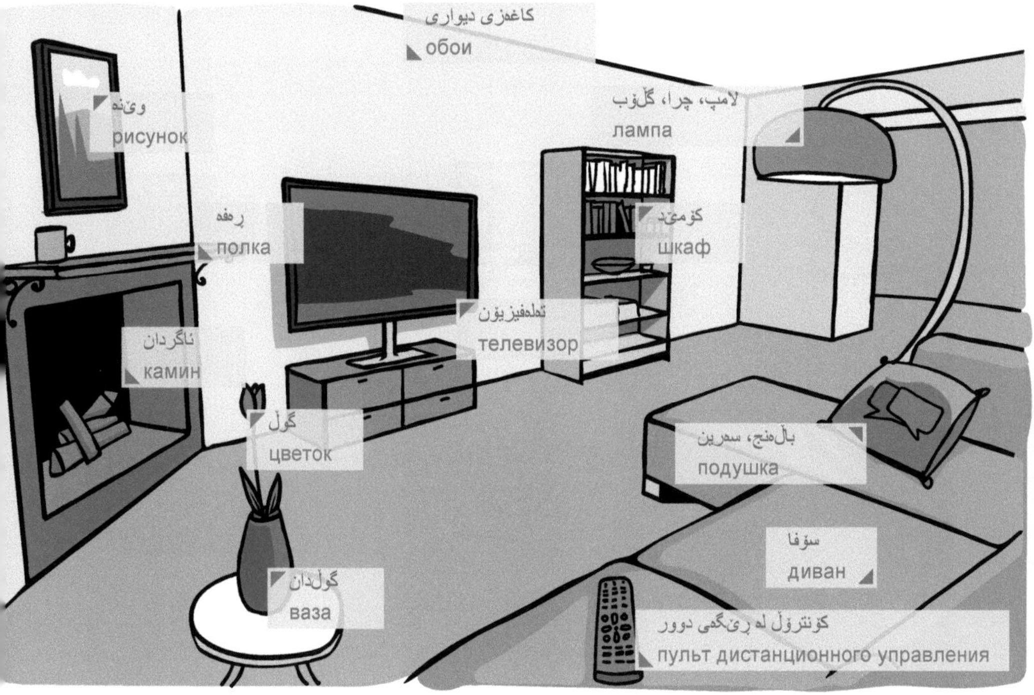

فەرش

ковёр

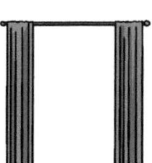

پەردە

штора

مێز

стол

کورسی

стул

کورسی ڕاژاندن

кресло-качалка

کورسی دەسگدار

кресло

کتێب

книга

پەتوو، بەتانی

покрывало

ڕازاندنەوە

украшение

داری سووتاندن

дрова

فیلم

фильм

ستێریۆ

стереосистема

کلیل

ключ

ڕۆژنامە

газета

نیگار، نیگارکێشان

картина

پۆستەر

плакат

ڕادیۆ

радио

تیانووس

блокнот

گسکی کارەبایی

пылесос

کاکتووس

кактус

مۆم

свеча

چێشتخانە
кухня

ساردکەر
холодильник
مایکرۆوەیڤ
микроволновая печь
кухонные весы
نان برژێن
тостер
دەرمانی خاوێنکردنەوە
моющее средство
زۆپا، گاز
духовка
بەستێنەر
морозилка
دەفری زبڵ
мусорное ведро
ئامێری قاپ شۆردن
посудомоечная машина

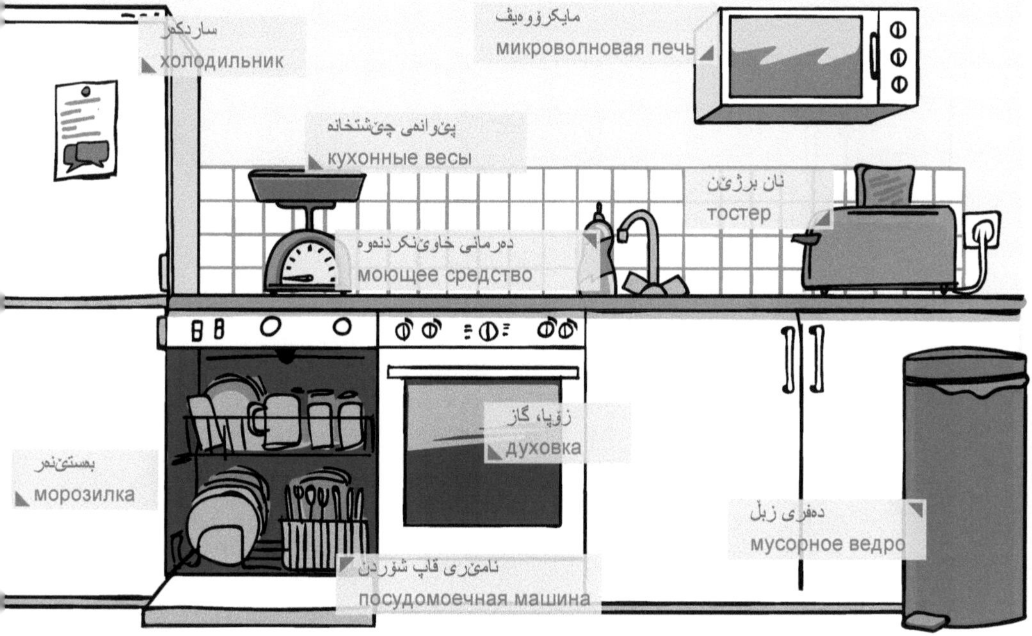

چێشتلێنەر

плита

مەنجەڵ

кастрюля

قاپی ئوتوو

чугунный котелок

تاوەی قووڵ

вок / кадай

تاوە

сковорода

کتری، ئاوگەرمکەر

чайник

چێشتلێنەری هەڵمی

пароварка

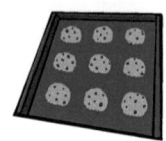

کەشەفی نانکردن

противень

قاپ و قاچاغ

посуда

کوپ

кружка

قاپ

миска

چیلکەی نانخواردن

палочки для еды

ئەسکوێ

половник

کەوگیر

лопатка

گسک

сбивалка

سووزمە

сито

بێژنگ

сито

ئامێری جنینی پەنیر و سەوزە

тёрка

دەستار

ступка

برژاندن

гриль

ئاگر

костёр

تەختەی وردکردن

....

доска

تیرۆک

....

скалка

بورغی فلین

....

штопор

قوتوو

....

жестяная банка

قوتووکەرەوە

....

консервный нож

دەسرەی مەنجەڵ

....

прихватка

دەسشۆر

....

раковина

فڵچە

....

щетка

ئیسفەنج

....

губка

تێکەڵکەر

....

миксер

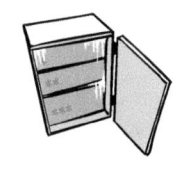

قەرسی

....

морозильная камера

شووشە شیر

....

бутылочка для кормления

شێری ئاو

....

кран

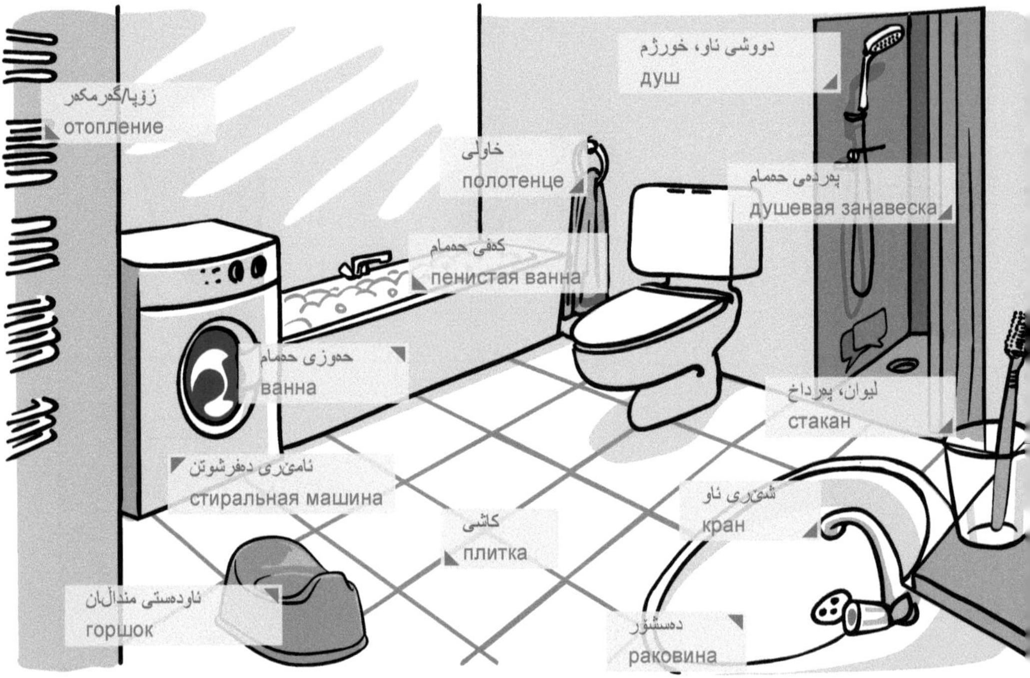

حەمام، ئاودەستخانە
ванная комната

زۆپا/گەرمکەر
отопление
دووشی ئاو، خورژم
душ
خاولی
полотенце
پەردەی حەمام
душевая занавеска
کەفی حەمام
пенистая ванна
حەوزی حەمام
ванна
لیوان، پەرداخ
стакан
ئامێری دەفرشوتن
стиральная машина
кран
کاشی
плитка
ئاودەستی منداڵان
горшок
دەسشۆر
раковина

ئاودەست، توالێت

туалет

توالێتی نزم، ئاودەست

напольный унитаз

جۆرێک توالێت

биде

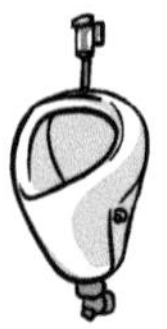

توالێت، ئاودەست

писсуар

کاغەزی ئاودەستخانە

туалетная бумага

فڵچەی ئاودەستخانە

ершик

38 حەمام، ئاودەستخانە - ванная комната

فڵچەی ددان

....

зубная щетка

خەمیری ددان

....

зубная паста

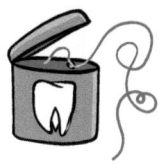

بەنی ددان

....

зубная нить

شۆردن، شوتن

....

мыть

خوڕژمی دەستی

....

ручной душ

دووش

....

интимный душ

کاسەی دەستوچاوشوتن

....

таз

فڵچەی پشت

....

щетка для спины

سابوون

....

мыло

جێڵی خۆشوتن

....

гель для душа

شامپۆ

....

шампунь

فلانێل

....

мочалка

ئاوەڕۆ

....

сток

کرێم

....

крем

بۆنخۆشکەرە

....

дезодорант

ئاوێنە
....
зеркало

ئاوێنەی دەستی
....
ручное зеркало

مەکینەی ڕیش تاشین
....
бритва

سابوونی ڕیش تاشین
....
пена для бритья

کرێمی دوای ڕیش تاشین
....
лосьон после бритья

شانە
....
расческа

فڵچە
....
щетка

سێشوار، سەرئیشککەرەوە
....
фен

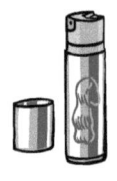

سپرەی قژ
....
лак для волос

سووراوسپیاو
....
косметика

سووراو
....
губная помада

ڕەنگی نینۆک
....
лак для ногтей

لۆکە
....
вата

مەقەستی نینۆک
....
маникюрные ножницы

عەتر
....
духи

کیسهی حەمام

косметичка

کورسی بێ پشت

табуретка

پێوەر

весы

خاولی حەمام

халат

دەستەوانەی چەرم

резиновые перчатки

تامپۆن

тампон

خاولی خاوێنکردنەوە

гигиеническая прокладка

ناودەستی کیمیایی

биотуалет

ژووری منداڵ

детская комната

سەعاتی زەنگدار
будильник
گەمەی شیرن
мягкая игрушка
ماشێنی یاری
игрушечный автомобиль
شەقشەقەی منداڵ
погремушка
خانووی بووکەشووشە
кукольный домик
دیاری
подарок

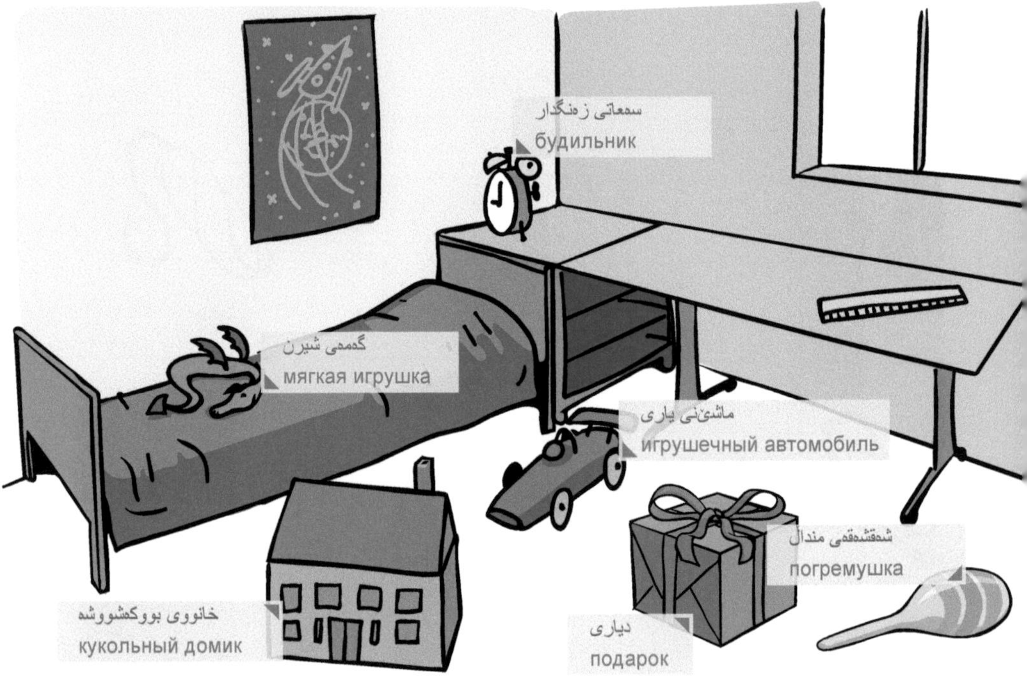

باڵۆن

воздушный шар

پێخەف، نوێن

кровать

داشقەی منداڵ

детская коляска

گەمەی کارت

карточная игра

مەتەڵ، مەتەڵۆک

пазл

کۆمێدی

комикс

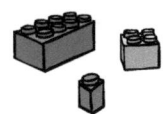

خشتی لێگۆ

кирпичики Лего

خشتی یاری

кубики

بووکە شووشە

игрушечная фигурка

جلی منداڵ

ползунки

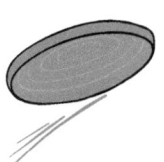

یاری فریزبی

фрисби

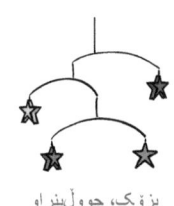

بزۆک، جووڵێنراو

мобиле

یاری تەختە

настольная игра

مۆرە

кубик

مۆدێلی شەمەندەفەر

модель железной дороги

مەمکە مژە

соска

میوانی، جەژن

вечеринка

کتێبی وێنەدار

книга с картинками

تۆپ

мяч

بووکەشووشە

кукла

کایە کردن، یاری کردن

играть

قۆرتی خیزوخۆڵ

песочница

جۆلانە

качели

کایەی منداڵان، یاری منداڵان

игрушка

گەمەی ڤیدیۆیی

игровая приставка

سێچەرخە

трёхколесный велосипед

ورچی یاری

плюшевый медвежонок

کەنتۆر

шкаф для одежды

جلوبەرگ

одежда

گۆرەوی

носки

گۆرەوی درێژ

чулки

گۆرەوی درێژ

колготки

شاڵی مل

چەتر
зонтик

کراس
футболка

قایش، پشتێن
ремень

چەکمە، پۆتین
сапоги

پێڵاوی ماڵ
тапки

پێڵاو
кроссовки

پاپوچ

сандалии

کەوش، پێڵاو

ботинки

چەکمەی چەرم

резиновые сапоги

پانتۆڵی ژێرەوە

трусы

ستیان، سوخمە

бюстгальтер

جلیسقە

майка

جەستە، لەش

боди

پانتۆڵ

брюки

پانتۆڵ

джинсы

دامەن، تەنوورە

юбка

کراس

блузка

کراس

рубашка

بلووز

свитер

بلووز

свитер

چاکەت

спортивная куртка

چاکەت

жакет

باڵتە

пальто

بارانی

плащ

پۆشاک

костюм

کراسی ژنانە

платье

جلی زەماوەند

свадебное платье

چاکەت و پانتۆڵ
....
мужской костюм

جلی خەو
....
ночная сорочка

جلی خەو
....
пижама

ساری
....
сари

لەچکە
....
платок

جەمەدانە، سەرپێچ
....
тюрбан

بۆرکا
....
паранджа

کەفتان
....
кафтан

عەبا
....
абайя

جل و بەرگی مەلەکردن
....
купальник

پانتۆڵی مەلە
....
плавки

پانتۆڵی کورت
....
шорты

جلوبەرگی ڕاهێنان
....
спортивный костюм

بەروانکە، بەرکوشە
....
фартук

دەستەوانە
....
перчатки

دوگمه

пуговица

چاویلکه

очки

بازنه

браслет

ملوانکه

цепочка

ئەنگوستیله

кольцо

گواره

серьга

کڵاو

шапка

داری جل هەڵواسین

вешалка

کڵاو

шляпа

بۆینباخ

галстук

زیپ

застежка молния

کڵاوی پارێزەر

шлем

هەڵگر

подтяжки

جلی قوتابخانە

школьная форма

یەکپۆش

форма

بەرلیکە، بەرکۆشی منداڵ

....

детский нагрудник

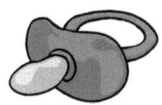

مەمکە مژە

....

соска

دایبی، پەڕۆشۆر

....

подгузник

نووسینگە، فەرمانگە

офис

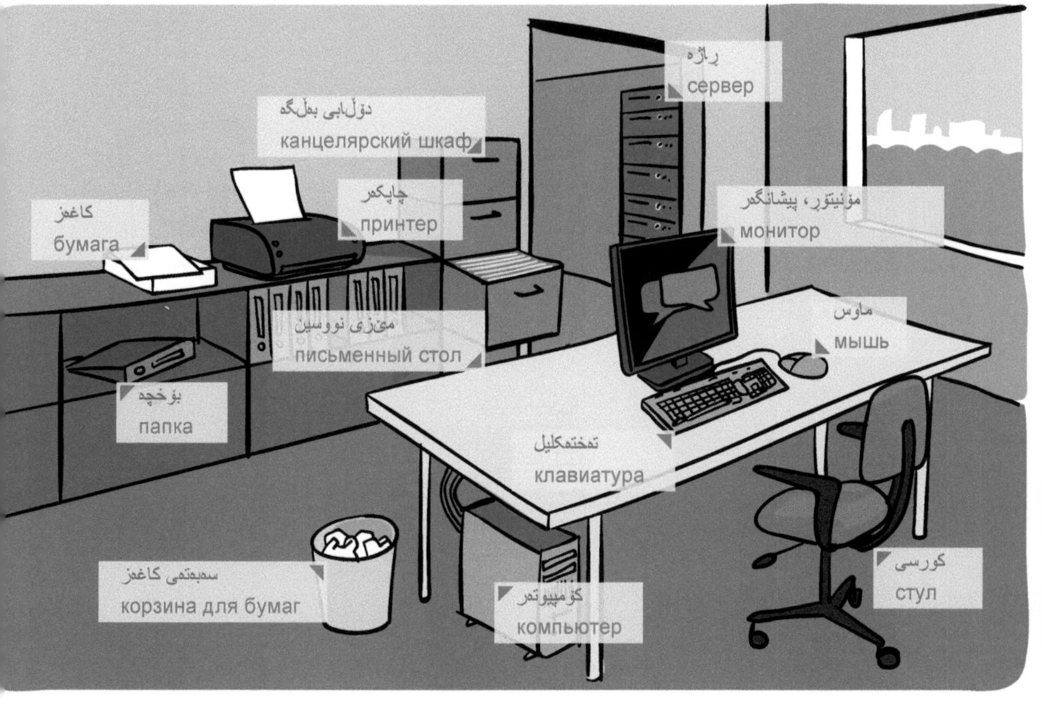

сервер
канцелярский шкаф
چاپکەر
принтер
کاغەز
бумага
مۆنیتۆر، پیشانگەر
монитор
ماوس
мышь
مێزی نووسین
письменный стол
بۆخچە
папка
تەختەکلیل
клавиатура
سەبەتەی کاغەز
корзина для бумаг
کۆمپیوتەر
компьютер
کورسی
стул

کۆپی قاوە

....

кофейная кружка

ژمێرەر

....

калькулятор

ئینتەرنێت

....

интернет

لەپتۆپ

ноутбук

نامە

письмо

پەیام

сообщение

موبایل، تەلەفۆنی دەست

мобильный телефон

تۆڕ

сеть

ئامێری لەبەرگرتنەوە، کۆپیکەر

ксерокс

نەرمەکالا

программа

تەلەفۆن

телефон

ساکێتی دووشاخە

розетка

ئامێری فەکس

факс

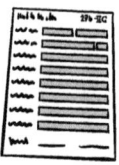

فۆرم

формуляр

بەڵگە

документ

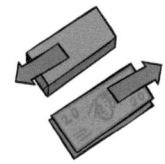

کڕین
....
покупать

پارەدان
....
платить

بازرگانی، ئاڵوگۆڕکردن
....
торговать

پارە، دراو
....
деньги

دۆلار
....
доллар

یۆرۆ
....
евро

یەن
....
иена

ڕوبڵی ڕووسی
....
рубль

فرانکی سویسی
....
франк

یوان، یەکەی دراوی چینی
....
жэньминьби юань

ڕووپییە
....
рупия

مەکینەی پارە
....
банкомат

نووسینگەی گۆڕینەوەی دراو
....
пункт обмена валюты

زێڕ
....
золото

زیو
....
серебро

نەوت
....
нефть

وزە
....
энергия

بەها، نرخ
....
цена

ڕێکەوتننامە
....
договор

باج
....
налог

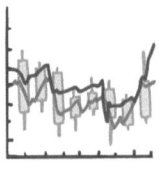

سەهام
....
акция

کارکردن
....
работать

کارمەند، کارکەر
....
служащий

خاوەنکار
....
работодатель

کارخانە
....
фабрика

دووکان
....
магазин

فەرمانبەری پولیس
милиционер
ئاگرکووژێنەر
пожарный
چێشتلێنەر
повар
دکتۆر
врач
فڕۆکەوان
пилот

باخەوان
садовник

دارتاش، مەرەنگوێز
столяр

خەییات
швея

دادوەر
судья

کیمیازان
химик

شانۆگەر، شانۆکار
актёр

شۆفیری پاس

водитель автобуса

شۆفیر تاکسی

таксист

ماسیگر

рыбак

کڵفەت

уборщица

وەستای سەربان

кровельщик

خزمەتکار

официант

ڕاوچی

охотник

بۆیاخچی

художник

نانکەر

пекарь

کارەباچی

электрик

بەننا

строитель

ئەندازیار

инженер

قەساب

мясник

وەستای بۆری

сантехник

پۆستەچی

почтальон

سەرباز

солдат

نەخشەکێش

архитектор

ژمێریار، خەزەندار

кассир

گوڵفرۆش

флорист

ئارایشگەر

парикмахер

گەیێنەر

кондуктор

میکانیک

механик

کەشتیوان

капитан

ددانساز، دوکتوری ددان

зубной врач

زانا

ученый

مەلای جوولەکان

раввин

ئیمام

имам

کەسی ئایینی

монах

قەشە

священник

ئامراز و کەرەستە

инструменты

پلایز
плоскогубцы
چەکووش
молоток
پێچبادەر
отвёртка
جڕەبادەر
гаечный ключ
карманный фон

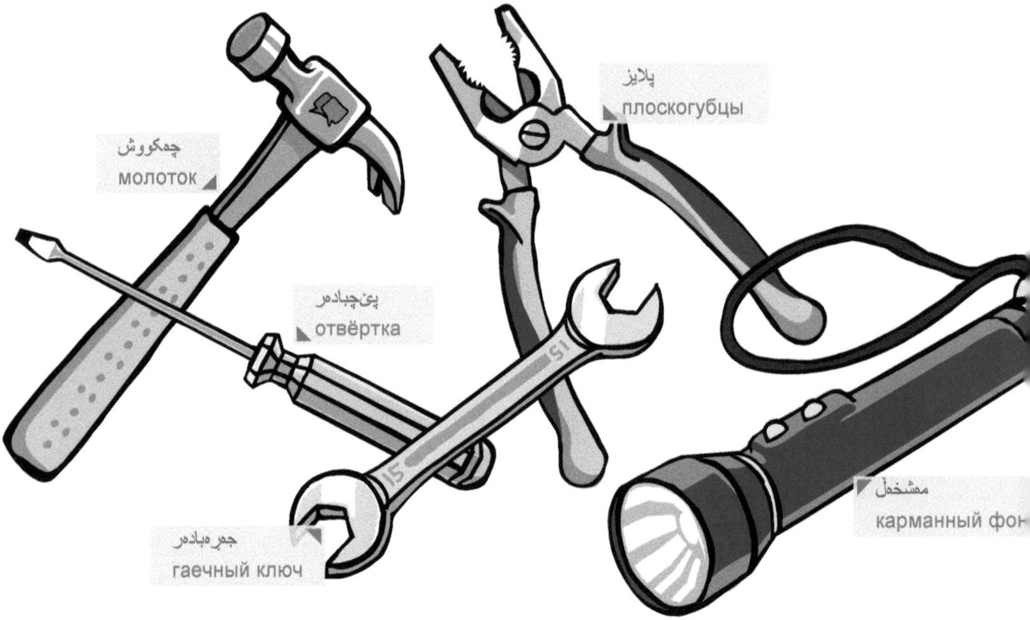

شۆفڵ

....

экскаватор

سندووقی ئامراز

....

ящик для инструментов

پەیژە

....

стремянка

مشار

....

пила

بزمارەکان

....

гвозди

کونکەرە

....

дрель

چاککردنەوە

ремонтировать

پێمەرە

лопата

نەفرەت!

Блин!

خاکەناز

совок

قتووی بۆیاخ

ведро с краской

پێچەکان، جەرەکان

винты

ئامێرەکانی مووزیک

музыкальные инструменты

громкоговоритель
ударный инструмент
گیتار
гитара
جۆرێ گیتار
контрабас
труба

پیانۆ

....

пианино

کەمانچە

....

скрипка

گیتار

....

бас-гитара

دەهۆڵ

....

литавры

تەپڵ

....

барабан

تەختەکلیل

....

синтезатор

ساکسافۆن

....

саксофон

فلووت، شمشاڵ

....

флейта

مایکرۆفۆن

....

микрофон

باخچەی ئاژەڵان

зоопарк

тигр
قەفەز
клетка
зебра
خواردنی ئاژەڵان
корм
ورچی پاندا
панда
ناقدەر، دەروازە
вход

ئاژەڵەکان

животные

فیل

слон

کانگۆرۆ

кенгуру

کەرکەدەن

носорог

گۆریلا

горилла

ورچ

медведь

وشتر

....

верблюд

وشترمریشک

....

страус

شێر

....

лев

مەیموون

....

обезьяна

فڵامینگۆ

....

фламинго

تووتی

....

попугай

ورچی جەمسەری

....

белый медведь

پێنگوین

....

пингвин

قرش، سەگەماسی

....

акула

تاووس

....

павлин

مار

....

змея

تیمساح

....

крокодил

پارێزەری باخچەی ئاژەڵان

....

служитель зоопарка

سەگی دەریایی

....

тюлень

پڵینگ

....

ягуар

ئەسپی قەزەم

пони

پشیلەی پڵینگی

леопард

ئەسپی ئاوی

бегемот

زەرافە

жираф

هەڵۆ

орёл

بەرازی کێوی

кабан

ماسی

рыба

کیسەڵ

черепаха

واڵڕاس، ئاژەڵێکی دەریایی

морж

ڕێوی

лиса

ئاسک

газель

وەرزش

спорт

تۆپیپێی ئەمریکی
американский футбол
езда на велосипеде
تێنیس
теннис
تۆپی باسکە
баскетбол
مەلەکردن
плавание
بۆکسێن
бокс
هۆکی سەر سەهۆڵ
хоккей

فووتبۆڵ

....

футбол

بەدمینتۆن

....

бадминтон

وەرزشوان

....

лёгкая атлетика

هەندباڵ

....

гандбол

خلیسکێن

....

лыжный спорт

پۆلۆ

....

поло

پێکەنین
смеяться

بازکردن
прыгать

لەباوەشگرتن، لەئامێزگرتن
обнимать

بەڕێداڕۆیشتن، پیاسەکردن
идти

گۆرانی خوێندن
петь

خەون دیتن، خەون بینین
мечтать

پاڕانەوە، نوێژکردن
молиться

ماچکردن
целовать

نووسین
писать

وێنەکێشان
рисовать

نیشاندان
показывать

پاڵ پێوەنان
нажимать

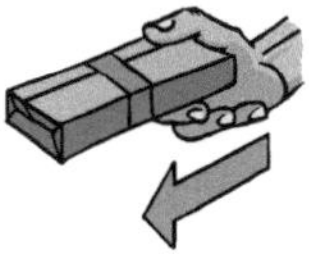

دان
давать

هەڵگرتن
брать

هەبوون

иметь

کردن

делать

بوون

быть

ڕاوەستان

стоять

هەڵاتن

бежать

کێشان

тянуть

هاویشتن

бросать

کەوتن

падать

درۆکردن

лежать

چاوەڕێبوون

ждать

هەڵگرتن

носить

دانیشتن

сидеть

جل لەبەرکردن

надевать

خەوتن

спать

لەخەو هەستان

просыпаться

چاولێکردن

рассматривать

گریان

плакать

جەڵتەلێدان

гладить

قژداهێنان، شانەکردن

причесывать

قسەکردن

говорить

تێگەیشتن

понимать

پرسیارکردن، پرسین

спрашивать

گوێڕاگرتن

слушать

خواردنەوە

пить

خواردن

кушать

ڕێکوپێک کردن

наводить порядок

خۆشویستن

любить

چێش لێنان

готовить

شۆفێریکردن

ехать

فڕین

летать

کەشتیوانی

ходить под парусом

حساب‌کردن، ژماردن

считать

خوێندنەوە

читать

فێربوون

учиться

کارکردن

работать

زەماوەندکردن

вступать в брак

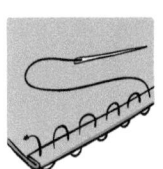

دورین، دورومانکردن

шить

فڵچە لەددان دان

чистить зубы

کوشتن

убивать

جگەرەکێشان

курить

ناردن

отправлять

семья

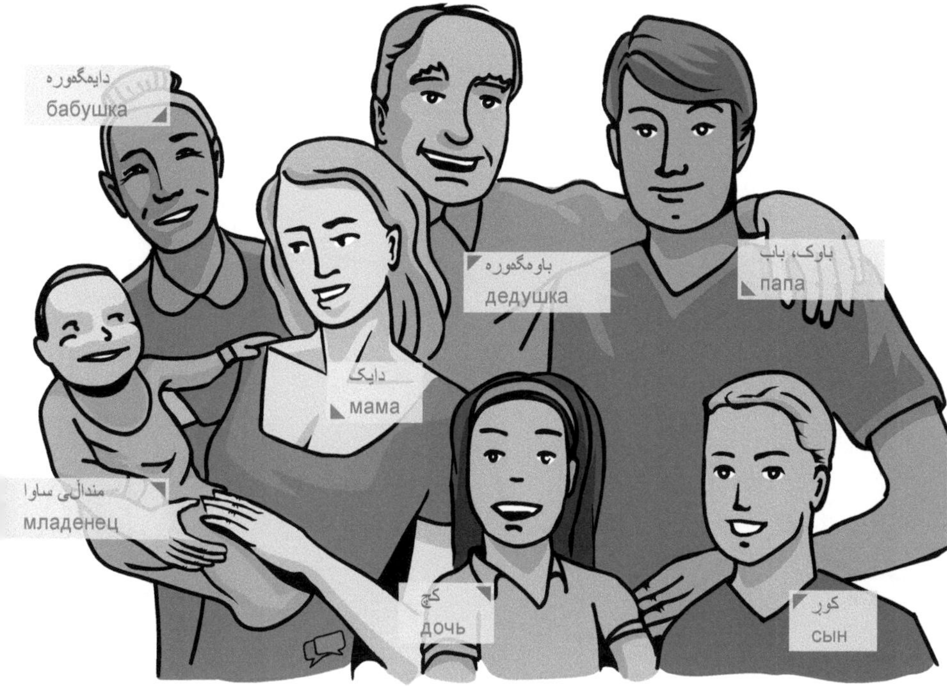
دایەگەورە
бабушка
باوەگەورە
дедушка
باوک، باب
папа
دایک
мама
منداڵی ساوا
младенец
کچ
дочь
کوڕ
сын

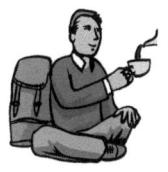

میوان

гость

پوور

тетя

مام، خاڵ

дядя

برا

брат

خوشک

сестра

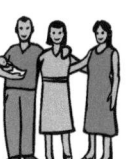

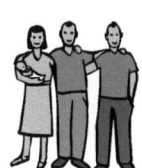

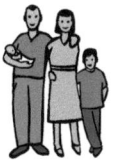

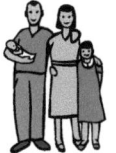

جەستە، لەش

тело

ناوچاوان، توێڵ
лоб
چاو
глаз
شان
плечо
قامک
палец
دەموچاو، ڕوومەت
лицо
چەنە
подбородок
دەست
кисть
لاق
нога
سنگ
грудь
باسک، قۆڵ
рука

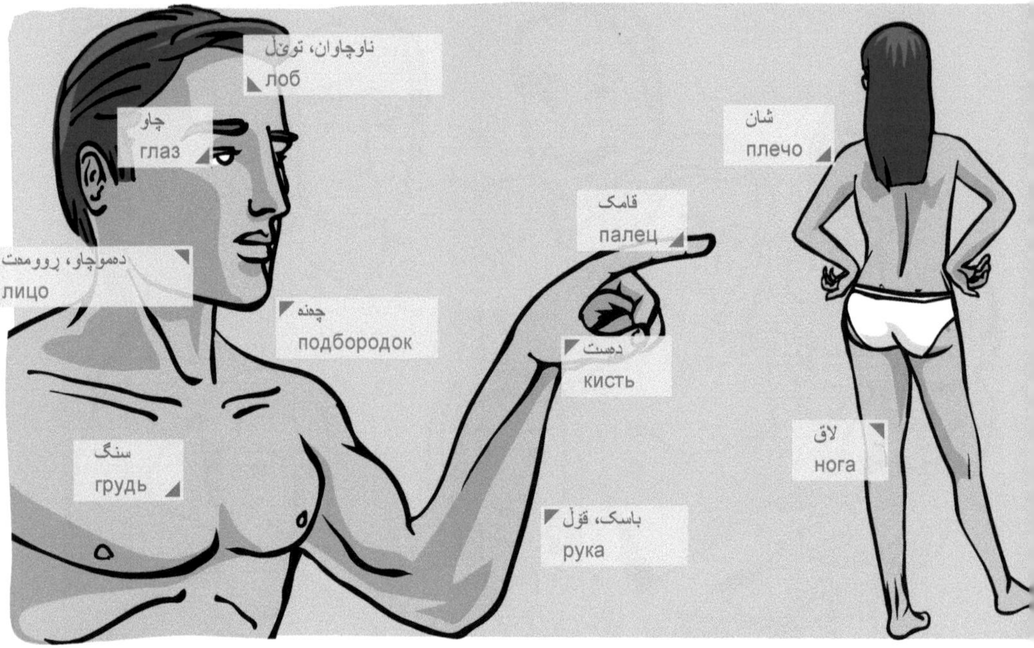

منداڵی ساوا
младенец

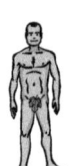

پیاو
мужчина

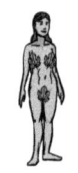

ژن
женщина

کچ
девочка

کوڕ
мальчик

سەر
голова

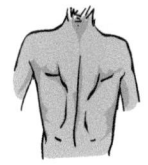

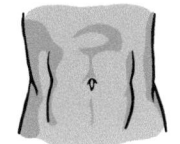

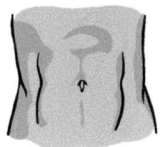

پشت
....
спина

زگ
....
живот

ناوک
....
пупок

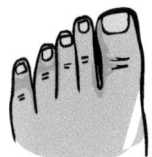

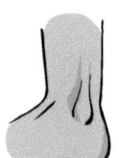

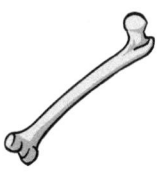

قامکی پێ
....
палец ноги

پاژنەی پێ
....
пятка

ئێسقان، ئێسک
....
кость

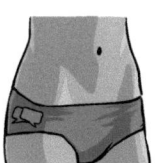

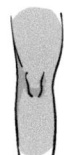

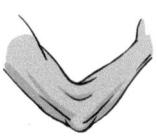

سمت
....
бедро

ئەژنۆ
....
колено

ئانیشک
....
локоть

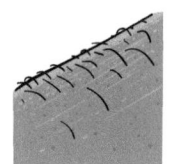

لووت
....
нос

قوون
....
ягодицы

پێست
....
кожа

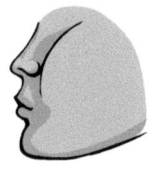

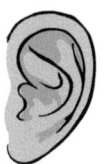

گوپ
....
щека

گوێ
....
ухо

لێو
....
губа

دەم، زار

рот

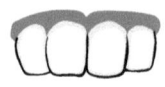

ددان

зуб

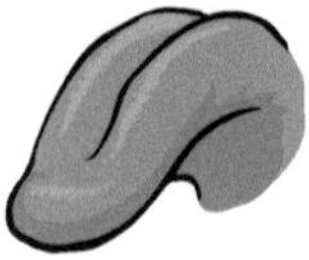

زمان

язык

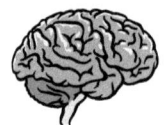

مێشک

мозг

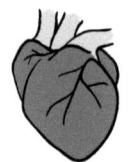

دڵ

сердце

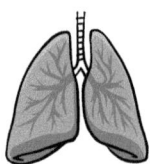

ماسوولکە

мышца

سیپەلاک، سی

лёгкое

جەرگ

печень

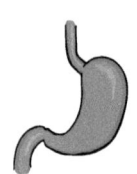

گەدە

желудок

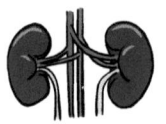

گورچیلە

почки

سێکس

половой акт

کۆندۆم

презерватив

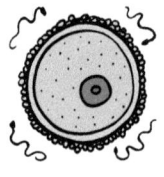

توو، گەرا

яйцеклетка

تۆو

сперма

دووگیانی

беременность

70 جەستە، لەش - тело

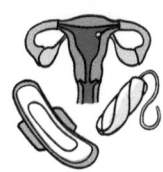

كەوتنە سەر خوێن

менструация

زێ

вагина

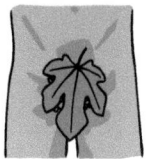

كێر

пенис

برۆ

бровь

قژ

волосы

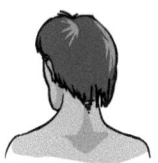

مل

шея

نەخۆشخانە، خەستەخانە
больница

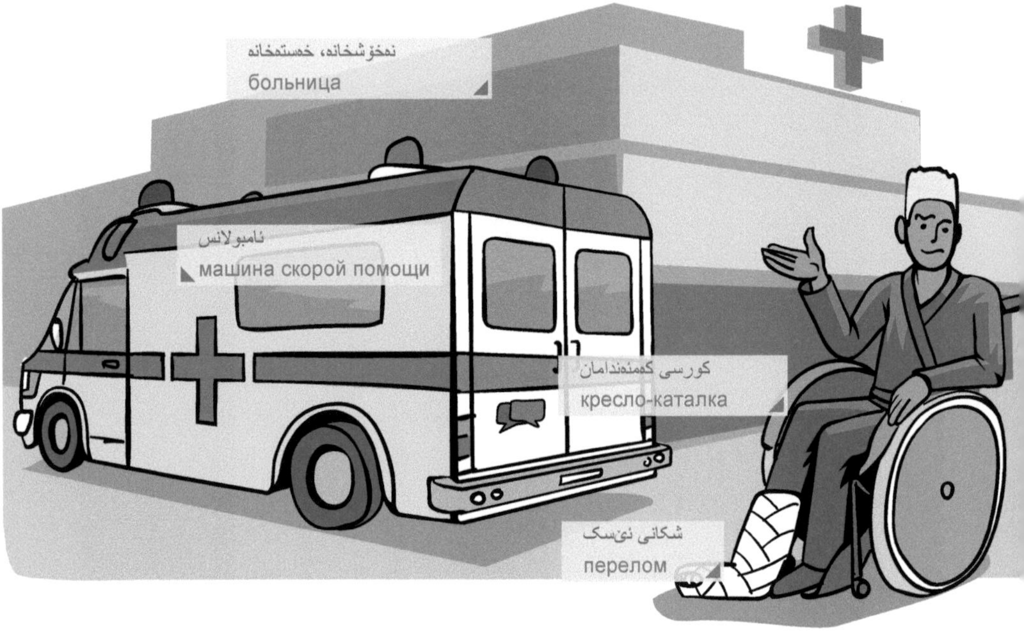

больница
ئامبولانس
машина скорой помощи
کورسی کەمئەندامان
кресло-каталка
شکانی ئێسک
перелом

دکتۆر

врач

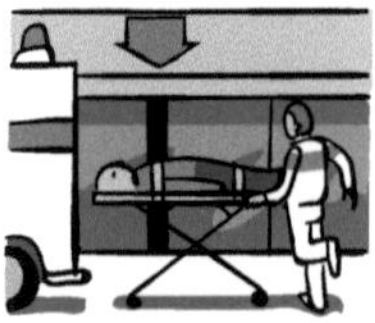

ژووری فریاکەوتن

пункт первой помощи

نەخۆشوان

медсестра

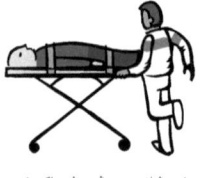

ئورژانس، بەشی فریاکەوتن

неотложный случай

بێهۆش

без сознания

ژان، ئێش

боль

برینداری

повреждение

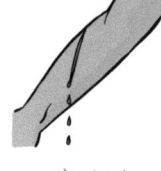

خوێنڕێژی

кровотечение

جەڵتەی دڵ

инфаркт

جەڵتە

инсульт

ئالێرژی، هەستیاری

аллергия

کۆخە

кашель

تا

повышенная температура

ئەنفلۆنزا

грипп

زگچوون

понос

سەرێشە، ژانەسەر

головная боль

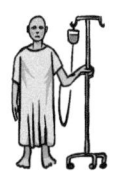

سەرەتان

рак

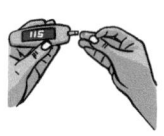

شەکرە

диабет

نەشتەرگەر

хирург

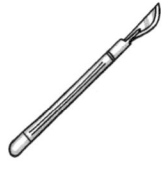

نەشتەر، چەقۆی توێکاری

скальпель

نەشتەرگەری

операция

CT

КТ

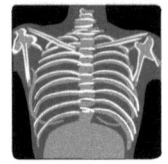

تیشکی ئێکس

рентген

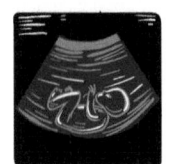

ئوڵتراساوند

ультразвук

ماسکی ڕوومەت

маска

نەخۆشی

болезнь

ژووری چاوەڕێبوون

приёмная

گۆچان

костыль

مشەما

пластырь

برین پێچ

бинт

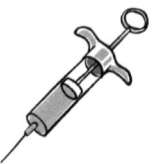

دەرزی لێدان

укол

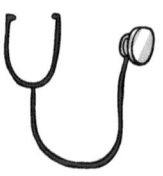

بیستۆکی پزیشک

стетоскоп

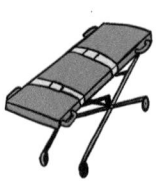

داربەست

носилки

گەرماپێوی کلینیکی

термометр

لەدایکبوون

рождение

زیادەکێشد/قەڵەویی

избыточный вес

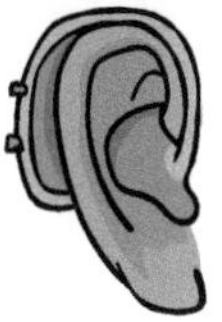

بیستۆک

слуховой аппарат

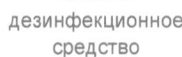

میکرۆبکوژ

дезинфекционное средство

چڵک

инфекция

ویروس

вирус

ئەیدز

ВИЧ / СПИД

دەرمان

лекарство

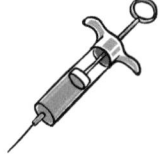

کوتان

прививка

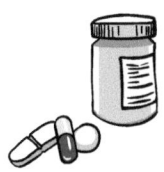

حەب

таблетки

حەب

противозачаточная таблетка

تەلەفۆنی فریاکەوتن

экстренный вызов

پێشانگەری پەستانی خوێن

прибор для измерения кровяного давления

نەخۆش / سڵامەت

больной / здоровый

ئورژانس، بەشی فریاکەوتن

неотложный случай

یارمەتی!

Помогите!

ئاگادارکردنەوە، ئەلارم

сигнал тревоги

دەستدرێژی

нападение

هێرشکردن

атака

مەترسی

опасность

چوونەدەرەوەی ئورژانس

запасной выход

ئاگر!

Пожар!

ئاگرکوژێنەوە

огнетушитель

ڕووداو، پێشهات

несчастный случай

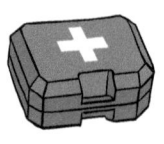

قوتووی یارمەتی فریاکەوتن

аптечка

SOS

SOS

پولیس

милиция

ئەرز، زەوی
земля

ئەورۆپا
....
Европа

ئەمریکای باکوور
....
Северная Америка

ئەمریکاری باشوور
....
Южная Америка

ئافریقا
....
Африка

ئاسیا
....
Азия

ئوسترالیا
....
Австралия

ئەتڵەسی، ئۆقیانووسی ئەتڵەسی
....
Атлантический океан

زەریای هێمن
....
Тихий океан

ئۆقیانووسی هیندی
....
Индийский океан

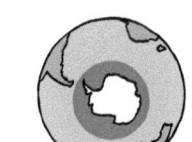

ئۆقیانووسی جەمسەری باشوور
....
Антарктический океан

ئۆقیانووسی جەمسەری باکوور
....
Северный Ледовитый океан

جەمسەری باکوور
....
Северный полюс

جەمسەری باشوور

Южный полюс

ناوچەی جەمسەری باشوور

Антарктика

ئەرز، زەوی

земля

خاک، وشکانی

суша

دەریا، زەریا

море

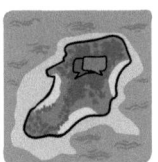

دوورگە

остров

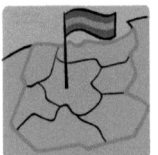

گەل، نەتەوە

нация

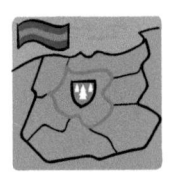

وڵات، پارێزگا، دەوڵەت

государство

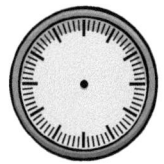

часы

روخساری کاتژمێر

....

циферблат

نیشاندەری کاتژمێر

....

часовая стрелка

نیشاندەری خولەک

....

минутная стрелка

دەستی دوو

....

секундная стрелка

کاتژمێر چەندە؟، سەعات چەندە؟

....

Который час?

ڕۆژ

....

день

کات، زەمان

....

время

ئێستا، هەنووکە

....

сейчас

کاتژمێری دیجیتاڵی

....

электронные часы

خولەک

....

минута

کاتژمێر

....

час

неделя

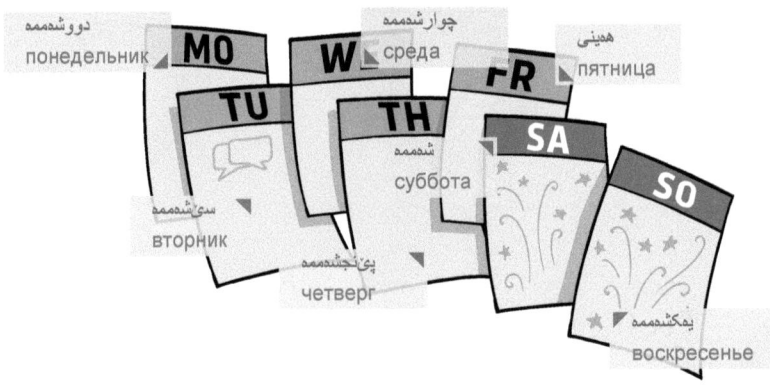

MO
دووشەممە
понедельник
TU
سێشەممە
вторник
W
چوارشەممە
среда
TH
پێنجشەممە
четверг
FR
هەینی
пятница
SA
شەممە
суббота
SO
یەکشەممە
воскресенье

2
1

دوێنێ

вчера

2

ئەمڕۆ، ئەوڕۆ

сегодня

3

سبەینێ

завтра

بەیانی

утро

نیوەڕۆ

полдень

ئێوارە

вечер

MO TU WE TH FR SA SU
1 2 3 4 5 6 7
8 9 10 11 12 13 14
15 16 17 18 19 20 21
22 23 24 25 26 27 28
29 30 31 1 2 3 4

ڕۆژی کار

рабочие дни

MO TU WE TH FR SA SU
1 2 3 4 5 6 7
8 9 10 11 12 13 14
15 16 17 18 19 20 21
22 23 24 25 26 27 28
29 30 31 1 2 3 4

کۆتایی هەفتە

выходные

باران
дождь
کۆلکەزێڕینە
радуга
بازکردن
ветер
بەفر
снег
بەهار
весна
هاوین
лето
پاییز
осень
زستان
зима

4.APRIL 11°
5.APRIL 4°
6.APRIL 13°
7.APRIL 8°
8.APRIL 10°

پێشبینی هەوا

прогноз погоды

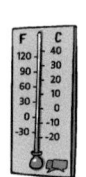

گەرماپێو

термометр

خۆرەتاو

солнечный свет

هەور

туча

تەمومژ

туман

تەڕایی

влажность воздуха

هەورەتریشقە، بروسکە

молния

هەورەگرمە

гром

باوبۆران، تۆفان

буря

تەرزە

град

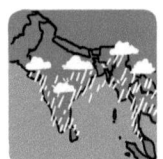

مانسوون

муссон

لافاو

наводнение

سەهۆڵ

лёд

جانیوەری

январь

فێبریوەری

февраль

مارچ

март

ئەپریل

апрель

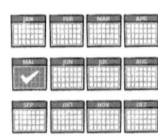

مەی

май

جوون

июнь

جوولای

июль

ئۆگۆست

август

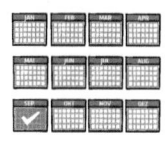

سێپتەمبەر

сентябрь

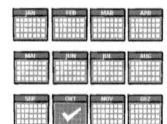

ئۆکتۆبەر

октябрь

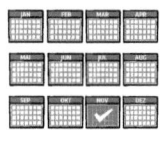

نۆڤەمبەر

ноябрь

دیسەمبەر

декабрь

شێوەکان

формы

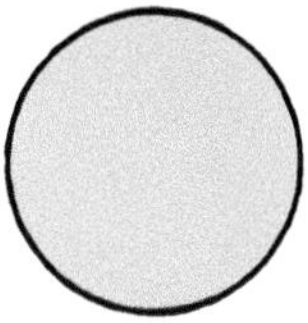

بازنە

круг

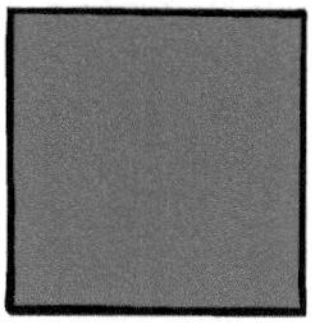

چوارگۆشە

квадрат

چوارگۆشەی درێژ

прямоугольник

سێگۆشە

треугольник

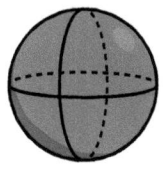

تۆپ، گۆ

шар

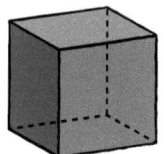

خشتەک

куб

ڕەنگەکان

цвета

سپی

белый

زەرد

желтый

پرتەقاڵیی

оранжевый

پەمەیی

розовый

سوور

красный

بنەوش

лиловый

شین

синий

سەوز

зелёный

قاوەیی

коричневый

بۆر

серый

ڕەش

черный

دژبەرەکان

противоположности

زۆر / کەم

много / мало

تووڕە / لەسەرەخۆ

яростный / мирный

جوان / ناحەز

красивый / уродливый

سەرەتا / کۆتایی

начало / конец

گەورە / چکۆلە

большой / маленький

ڕووناک / تاریک

светлый / темный

برا / خوشک

брат / сестра

خاوێن / چڵکن

чистый / грязный

تەواو / ناتەواو

полный / неполный

ڕۆژ / شەو

день / ночь

مردوو / زیندوو

мёртвый / живой

پان / تەنگ

широкий / узкий

خۆش / ناخۆش

....

съедобный / несъедобный

نەگریس / بەبەزەیی

....

злой / дружелюбный

وروژاو / بێزار

....

взволнованный / скучающий

قەڵەو / لاواز

....

толстый / худой

یەکەم / ئاخر

....

сначала / в конце

دۆست / دوژمن

....

друг / враг

پڕ / خاڵی

....

полный / пустой

ڕەق / نەرم

....

твёрдый / мягкий

قورس / سووک

....

тяжёлый / легкий

برسی / توونی

....

голод / жажда

نەخۆش / سڵامەت

....

больной / здоровый

نایاسایی / یاسایی

....

незаконный / законный

زیرەک / گەمژە

....

умный / глупый

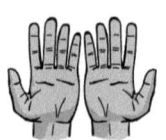

چەپ / ڕاست

....

слева / справа

نزیک / دوور

....

близко / далеко

نوێ / کۆن، بەکارهاتوو

новый / подержанный

هیچ شتێک / شتێک

ничто / нечто

پیر / لاو

старый / молодой

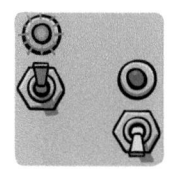

هەڵکراو / کوژاوە

включено / выключено

کراوە / داخراو

открыто / закрыто

بێدەنگ / دەنگی بەرز

тихо / громко

دەوڵەمەند / هەژار

богатый / бедный

ڕاست / هەڵە

правильный / неправильный

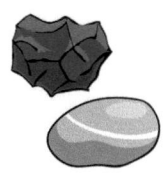

زبر / ساف

шероховатый / гладкий

خەمین / خۆشحاڵ

печальный / счастливый

کورت/ درێژ

короткий / длинный

هێواش / خێرا

медленный / быстрый

تەڕ / وشک

мокрый / сухой

گەرم / فێنک

тёплый / прохладный

شەڕ / ئاشتی

война / мир

ژمارەکان

цифры

0

سیفر

ноль

1

یەک

один

2

دوو

два

3

سێ

три

4

چوار

четыре

5

پێنج

пять

6

شەش

шесть

7

حەوت

семь

8

هەشت

восемь

9

نۆ

девять

10

دە

десять

11

یازدە

одиннадцать

12

دوازده

двенадцать

13

سێزده

тринадцать

14

چوارده

четырнадцать

15

پازده، پانزه

пятнадцать

16

شازده

шестнадцать

17

حەفدە

семнадцать

18

هەژده

восемнадцать

19

نۆزده

девятнадцать

20

بیست

двадцать

100

سەد

сто

1.000

هەزار

тысяча

1.000.000

میلیۆن

миллион

زمانەکان

ЯЗЫКИ

ئینگلیزی

английский

ئینگلیزی ئەمەریکی

американский английский

چینی ماندارین

мандаринский китайский

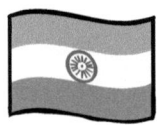

هێندی

хинди

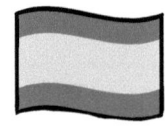

ئیسپانی

испанский

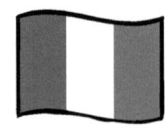

فەرەنسی

французский

عەرەبی

арабский

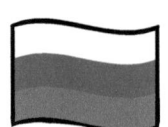

ڕووسی

русский

پۆرتوگالی

португальский

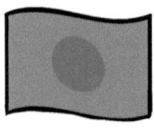

بەنگالی

бенгальский

ئاڵمانی

немецкий

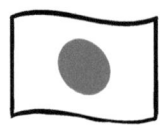

ژاپۆنی

японский

кто / что / как

من

я

تۆ

ты

ئەو

он / она / оно

ئێمە

мы

ئێوە

вы

ئەوان

они

کێ؟

кто?

چی؟

что?

چۆن؟

как?

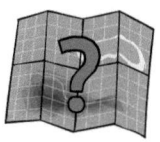

لەکوێ؟

где?

کەنگێ؟ کەی؟

когда?

ناو

имя

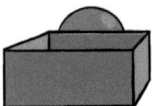

شوێن

где

لەپشت

за

لە

в

لەپێش

перед

سەرێ

над

لەسەر

на

ژێر

под

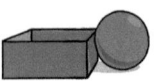

لە تەنیشت

рядом

لەنێوان

между

شوێن، جێ

место